# RÉPUBLIQUE FRANÇAISE

### MINISTÈRE DE LA GUERRE

## DÉCRET DU 2 AOUT 1912

### PORTANT APPLICATION AUX COLONIES

DU

### RÈGLEMENT DU 7 OCTOBRE 1909

SUR LE

# SERVICE DE PLACE

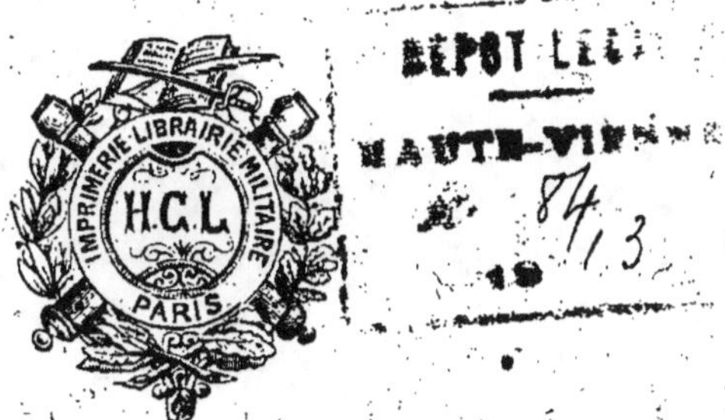




## PARIS

# Henri CHARLES-LAVAUZELLE

### Éditeur militaire

10, Rue Danton, Boulevard Saint-Germain, 118

(MÊME MAISON A LIMOGES)

1913

# DÉCRET DU 2 AOUT 1912

## PORTANT APPLICATION AUX COLONIES DU RÈGLEMENT DU 7 OCTOBRE 1909

### SUR LE

# SERVICE DE PLACE

# DÉCRET DU 2 AOUT 1912

## PORTANT APPLICATION AUX COLONIES

### DU

### RÈGLEMENT DU 7 OCTOBRE 1909

### SUR LE

# SERVICE DE PLACE

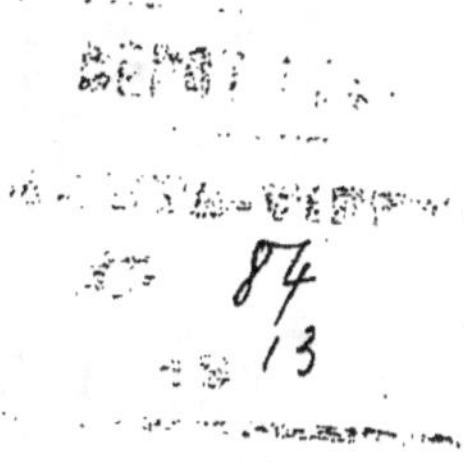

**PARIS**

Henri CHARLES-LAVAUZELLE

Éditeur militaire

10, Rue Danton, Boulevard Saint-Germain, 118

(MÊME MAISON A LIMOGES)

———

1913

**RÉPUBLIQUE FRANÇAISE.**

---

MINISTÈRE DE LA GUERRE.

---

**Cabinet du Ministre; Bureau du Personnel des Officiers généraux, Décorations, Affaires diverses et d'ordre général. — N° 254.**

*Décret portant application aux colonies du règlement du 7 octobre 1909 sur le service de place.*

---

Classement à l'édition méthodique : *Volume 75, page 144.*

---

Paris, le 2 août 1912.

RAPPORT AU PRÉSIDENT DE LA RÉPUBLIQUE FRANÇAISE.

Monsieur le Président,

Le décret du 7 octobre 1909, portant règlement sur le service dans les places de guerre et les villes de garnison, fait partie de la législation militaire dont l'application est générale et doit, par suite, s'étendre aux troupes coloniales, non seulement dans la métropole, mais aussi aux colonies.

Mais, en ce qui concerne les troupes coloniales stationnées outre mer, cette application ne peut se faire, dans certains cas, qu'après une adaptation destinée à tenir compte des conditions particulières de l'organisation administrative et militaire, de nos diverses possessions.

C'est ainsi qu'il a paru nécessaire d'introduire dans le décret précité du 7 octobre 1909, des dispositions spéciales qui, sans toucher aux principes généraux posés par ce règlement, permettront de l'appliquer aux colonies sans difficultés et sans indécision.

Tel est l'objet du décret qui a été élaboré de concert entre les départements intéressés, des finances, de la guerre, de la marine, des colonies, et que j'ai l'honneur de soumettre ci-joint à votre haute approbation.

Veuillez agréer, Monsieur le Président, l'hommage de mon profond respect.

*Le Ministre des colonies,*
A. Lebrun.

*Le Ministre de la marine,*          *Le Ministre des finances,*
Delcassé.                                    L.-L. Klotz,

*Le Ministre de la guerre,*
A. Millerand.

---

### Décret.

Le Président de la République française,

Vu la loi du 7 juillet 1900, portant organisation des troupes coloniales;

Vu le décret du 3 novembre 1905, relatif aux points d'appui de la flotte aux colonies;

Vu le décret du 7 octobre 1909, portant règlement sur le service dans les places de guerre et les villes de garnison;

Sur le rapport du Ministre des colonies, après avis conforme des Ministres des finances, de la guerre et de la marine;

Le Conseil d'Etat entendu,

Décrète :

Art. 1er. Le décret du 7 octobre 1909, portant règlement sur le service dans les places de guerre et les villes de garnison, est, sous réserve des dispositions spéciales indiquées ci-après, applicable dans les colonies et pays de protectorat, autres que l'Algérie et la Tunisie.

Art. 2. D'une façon générale, les attributions conférées par ce règlement à certaines autorités de la métropole sont dévolues, aux colonies, à celles dont la correspondance est établie ainsi qu'il suit :

<table>
<tr><td>MÉTROPOLE.</td><td>COLONIES.</td></tr>
<tr><td>Ministre de la guerre.</td><td>Ministre de la guerre.<br>Ministre des colonies, en ce qui concerne les dispositions spéciales aux points d'appui de la flotte ne se rapportant pas exclusivement au commandement, au personnel et à l'instruction.<br>Gouverneur général ou gouverneur dans les cas spécifiés par le présent décret.</td></tr>
<tr><td>Généraux commandant les régions de corps d'armée.</td><td>Officiers généraux ou supérieurs, commandants supérieurs des troupes.</td></tr>
<tr><td>Généraux commandant les subdivisions de région.</td><td>Officiers généraux ou supérieurs investis d'un commandement territorial, ou, à défaut, commandants supérieurs des troupes.</td></tr>
<tr><td>Directeur du génie.</td><td>Commandant de l'artillerie ou, à défaut, directeur ou chef du service de l'artillerie.</td></tr>
<tr><td>Chef du génie.</td><td>Directeur, sous-directeur ou chef d'annexe, chef du service régional de l'artillerie.</td></tr>
<tr><td>Chefs de corps.</td><td>Chefs de corps ou chefs des détachements stationnés en dehors de la garnison où réside le chef de corps.</td></tr>
</table>

Art. 3. Les articles ci-après indiqués du décret précité du 7 octobre 1909 reçoivent, pour leur application aux colonies, les modifications et additions suivantes :

« Art. 1er. Compléter le 3e alinéa ainsi conçu :

« Le classement comme place de guerre ne peut résulter que d'une loi », par les mots : « Exception faite pour les colonies et pays de protectorat, autres que l'Algérie et la Tunisie, où ce classement est établi par décret, rendu sur la proposition du Ministre des colonies, ou sur celle du Ministre de la marine et des colonies, lorsqu'il s'agit d'une place point d'appui de la flotte aux colonies.

« Art. 3. Entre le 4e et le 5e alinéa, intercaler l'alinéa suivant :

« Les officiers généraux commandants supérieurs des troupes aux colonies peuvent, dans les mêmes conditions, déléguer leurs fonctions de commandant d'arme à l'officier général ou supérieur qui, à leur défaut, les exerçait normalement. »

Après le 5ᵉ alinéa, ajouter l'alinéa suivant :

« La même disposition s'applique, aux colonies, aux officiers placés en activité hors cadres pour exercer des fonctions exclusivement civiles, ainsi qu'aux officiers de marine placés, dans le même but, en mission auprès des divers départements ministériels. »

Art. 9. A la fin du 5ᵉ alinéa, après les mots : « pris dans le service auxiliaire », ajouter : « et à défaut, aux colonies, dans les corps de troupes de la garnison ».

Art. 16. A la fin du 5ᵉ alinéa, après les mots : « ne sont confiés qu'à des gradés, » ajouter : « et, aux colonies, autant que possible, à des gradés européens ».

Art. 19. Après le 2ᵉ alinéa, ajouter l'alinéa suivant :

« Sont exemptés de tout service de place aux colonies, y compris le service des députations, les officiers et hommes de troupe placés en activité, hors cadres, pour exercer des fonctions exclusivement civiles. »

Art. 20. Entre les 2ᵉ et 3ᵉ alinéas, intercaler l'alinéa suivant :

« Aux colonies, ce compte rendu est adressé dans tous les cas au commandant supérieur des troupes. »

Art. 26. Entre les 5ᵉ et 6ᵉ alinéas, intercaler l'alinéa suivant :

« Toutefois, aux colonies, lorsque les circonstances climatériques l'exigent, la tenue peut être changée d'après les instructions données par le commandant d'armes. »

Art. 32. Après le dernier alinéa, ajouter l'alinéa suivant :

« Aux colonies, ces mesures sont arrêtées par le commandant supérieur des troupes suivant les propositions du directeur du service de santé. »

Art. 43. Après le dernier alinéa, ajouter l'alinéa suivant :

« Elles sont aussi applicables, aux colonies, au personnel de l'inspection des colonies et au personnel militaire de l'administration pénitentiaire » -

Art. 45. Après le dernier alinéa, ajouter l'alinéa suivant :

« Ces dispositions sont applicables, aux colonies, aux officiers et sous-officiers commandant les détachements de gendarmerie. »

Art. 65. A la fin de l'article, ajouter l'alinéa suivant :

« Aux colonies, cette notification est faite par le commandant supérieur des troupes au gouverneur général qui en informe les autorités civiles intéressées. »

Art. 69. A la fin de l'article, ajouter l'alinéa suivant :

« Aux colonies, ces instructions sont établies d'après les mêmes principes, par arrêté du gouverneur général ou du gouverneur. Cet arrêté, pris après avis du commandant supérieur des troupes, est soumis à l'approbation des Ministres de la guerre et des colonies. »

## CHAPITRES IV et V.

### (Articles 82 à 113.)

Entre le chapitre 5 et le chapitre 6, intercaler le chapitre complémentaire ci-après :

## CHAPITRE V *bis* (1).

### DISPOSITIONS SPÉCIALES AUX PLACES POINTS D'APPUI DE LA FLOTTE AUX COLONIES.

SECTION I".

COMMANDEMENT.

Art. 82 *bis*. Les points d'appui de la flotte aux colonies sont, dès le temps de paix, constitués en places de guerre.

Un officier général ou supérieur, nommé par décret, sur la proposition des Ministres de la guerre et des colonies, exerce le commandement dans la place dont il est chargé de préparer la défense. Il prend le titre de commandant de la défense.

Il est pourvu d'un état-major.

Dans les points d'appui de la flotte, qui sont le siège du com-

---

(1) Les dispositions spéciales aux points d'appui de la flotte non prévues dans le présent décret restent régies par celui du 3 novembre 1905.

mandement supérieur des troupes, les fonctions de commandant d'armes délégué  sont, à grade égal, conférées au commandant de la défense.

Art. 83 *bis*. Le commandant de la défense a sous ses ordres la totalité des troupes et des services militaires stationnés dans le rayon d'action du point d'appui et spécialement affectés à sa défense à la mobilisation. Il est investi du commandement territorial dans l'étendue de ce rayon. Il relève directement, dans l'exercice de ces commandements, du commandement supérieur des troupes.

Art. 85 *bis*. Un officier de marine est désigné par le Ministre de la marine, pour exercer, à la mobilisation, sous l'autorité du commandant de la défense, le commandement des moyens de défense et d'information maritimes, spécialement affectés à la défense du point d'appui. Il prend le titre d'adjoint désigné du commandant de la défense. Il est placé, en temps de paix, sous les ordres du commandant de la marine de la colonie.

Les relations du commandant de la défense, avec les autorités maritimes du point d'appui et avec l'officier de marine adjoint désigné, restent déterminées par le décret du 3 novembre 1905, relatif aux points d'appui de la flotte aux colonies.

Art. 86 *bis*. Sous réserve des dispositions spéciales qui précèdent, le commandant de la défense d'une place point d'appui de la flotte est investi des pouvoirs et des attributions dévolues, en temps de paix, de guerre et de siège, au commandant supérieur de la défense d'un groupe de places de guerre et au gouverneur d'une place.

## SECTION II.

### COMMISSION DE DÉFENSE.

Art. 87 *bis*. Dans chaque point d'appui de la flotte, la commission de défense, formée dans les conditions générales prévues aux articles 95 et 96, est composée ainsi qu'il suit :

Le commandant de la défense, président;

Le commandant de la marine;

Le plus ancien dans le grade le plus élevé des officiers des troupes d'infanterie comprises dans la garnison de défense du point d'appui;

L'officier commandant le front de mer ou pourvu d'un commandement correspondant à celui du front de mer;

Les chefs de service de l'artillerie, de l'intendance et de santé du point d'appui;

L'officier de marine adjoint désigné au commandant de la défense;

Le chef d'état-major du commandement de la défense ou, à défaut, l'officier d'état-major adjoint au commandant de la défense, secrétaire avec voix consultative.

Les plans de mobilisation arrêtés et annuellement revisés par la commission de défense, les procès-verbaux de ses délibérations, ainsi que ses propositions, sont transmis au Ministre des colonies par l'intermédiaire du commandant supérieur des troupes et du gouverneur général ou du gouverneur; les questions qui intéressent directement le département de la marine lui sont transmises par l'intermédiaire du commandant de la marine.

## SECTION III.

### RÈGLES DE POLICE.

Art. 88 *bis*. Les règles de police applicables dans une place ou un groupe de places points d'appui de la flotte sont celles établies aux sections III des chapitres IV et V.

Le commandant de la marine exerce, à cet égard, les attributions dévolues à l'autorité maritime.

Art. 111. A la fin de l'article, ajouter les mots : « et du 10 décembre 1912 ».

Art. 121. Après l'alinéa ainsi conçu : « Aux généraux de division commandants de corps d'armée, ajouter l'alinéa suivant :

« Aux généraux de division commandants supérieurs des troupes aux colonies. »

Art. 138. A la fin de l'article, ajouter l'alinéa suivant :

« Les dispositions du présent article sont applicables à tous les militaires de l'armée de terre, décédés aux colonies, alors qu'ils étaient en activité de service. Toutefois, les drapeaux et musiques n'assistent qu'aux obsèques des colonels, et, en outre, des lieutenants-colonels, commandant un régiment ou bataillon formant corps, dont les funérailles ont lieu au siège de leur commandement.

« Les corps devant fournir les détachements sont, le cas échéant, désignés par le commandant d'armes. »

Art. 139. A la fin de l'article, ajouter l'alinéa suivant :

« Les dispositions du présent article sont applicables à tous les militaires et marins de l'armée de mer décédés aux colonies, alors qu'ils étaient en activité de service. »

Les corps devant compléter les détachements en cas d'insuffisance numérique des troupes de l'armée de mer sont désignés par le commandant d'armes.

Art. 148. A la fin de l'article, ajouter l'alinéa suivant :

« Dans les points d'appui de la flotte, l'officier de marine adjoint désigné concourt, suivant son grade et son ancienneté, avec les autres officiers de la garnison de défense pour remplacer le commandant de la défense absent ou empêché. »

Art. 154. Après le 1ᵉʳ alinéa, intercaler l'alinéa suivant :

« Dans les points d'appui de la flotte aux colonies, ce registre est aussi tenu par l'officier de marine adjoint au commandant de la défense. »

Art. 155. Après cet article, intercaler l'article suivant :

« Art. 155 *bis*. Aux colonies, la déclaration de l'état de siège est faite par le gouverneur général ou gouverneur dans les conditions prévues par l'article 4 de la loi du 9 août 1849. Dans les cas particuliers mentionnés à l'article 155, elle peut être faite par le commandant d'une subdivision territoriale, d'une place de guerre ou d'un poste militaire, conformément à l'article 5 de la loi du 9 août 1849, à charge d'en rendre compte immédiatement au gouverneur général ou gouverneur de la colonie. »

Art. 166. Après cet article, intercaler l'article suivant :

« Art. 166 *bis*. Dans une place de guerre, point d'appui de la flotte aux colonies, le conseil de défense est composé ainsi qu'il suit :

« Le commandant de la défense, président;

« Le commandant de la marine, ou, à défaut, le plus ancien des officiers de marine, exerçant un commandement à terre;

« Le plus ancien dans le grade le plus élevé des officiers des troupes d'infanterie de la garnison de défense;

« Le commandant de l'artillerie de la place;

« Le directeur ou chef de service de l'artillerie;

« L'officier de marine adjoint au commandant de la défense;

« Le chef d'état-major du commandement de la défense, secrétaire avec voix consultative.

« Assistent aux séances du conseil avec voix consultative, les chefs du service de l'intendance et du service de santé de la place, le chef du service du commissariat de la marine, et le plus ancien dans le grade le plus élevé des médecins de la marine.

« Le commandant d'une force navale qui se trouve en rade dans une place point d'appui de la flotte aux colonies peut assister aux séances du conseil avec voix consultative. »

Art. 168. Après cet article, intercaler l'article suivant :

« Art. 168 *bis*. Dans les places points d'appui de la flotte aux colonies, le comité de surveillance des approvisionnements de siège est composé ainsi qu'il suit :

« Le commandant de la défense, président;

« Le commandant de la marine ou, à défaut, le plus ancien dans le grade le plus élevé des officiers de marine exerçant un commandement à terre dans la place;

« Le commandant de l'artillerie de la place;

« Le directeur de l'artillerie, ou, à défaut, le chef de service de l'artillerie de la place;

« Le chef d'état-major du commandement de la défense;

« Les chefs de service de l'intendance et de santé de la place;

« L'officier de marine adjoint au commandant de la défense;

« Le chef du service du commissariat de la marine;

« Le plus ancien dans le grade le plus élevé des médecins de la marine résidant dans la place;

« Le maire ou l'administrateur maire de la localité principale ou, à défaut, l'administrateur chef de la province;

« Le président et un membre de la Chambre de commerce, s'il en existe dans la place;

« Un officier de la garnison, désigné par le commandant de la défense, et remplissant les fonctions de secrétaire avec voix consultative. »

Art. 169. Après le 7ᵉ alinéa, intercaler l'alinéa suivant :

« Le commandant de la défense d'un point d'appui de la flotte aux colonies transmet dans les mêmes conditions cette copie au commandement supérieur des troupes. »

Art. 170 et suivants. Après l'article 179 ajouter l'article suivant :

« Art. 179 *bis*. Les services financiers des places de guerre points d'appui de la flotte aux colonies fonctionnent à partir de l'investissement suivant les règles qui précèdent.

« Dès le début de la mobilisation, les fonds de réserve de siège, sont mis à la disposition du commandant de la place par arrêté du gouverneur général ou du gouverneur de la colonie, en conformité des instructions générales concertées entre le Ministre des finances et le Ministre des colonies. »

Art. 4. Sont abrogées toutes les dispositions contraires au présent décret.

Art. 5. Les Ministres de la guerre, de la marine, des colonies et des finances, sont chargés, chacun en ce qui le concerne, de l'exécution du présent décret qui sera inséré au *Journal officiel* de la République française et au *Bulletin des lois.*

Fait à Rambouillet, le 2 août 1912.

A. FALLIÈRES.

Par le Président de la République :

*Le Ministre des colonies,*  *Le Ministre de la marine,*

A. LEBRUN.  DELCASSÉ.

*Le Ministre de la guerre,*  *Le Ministre des finances,*

A. MILLERAND.  L.-L. KLOTZ.

Paris et Limoges. — Imprimerie militaire Henri CHARLES-LAVAUZELLE.